AF348226

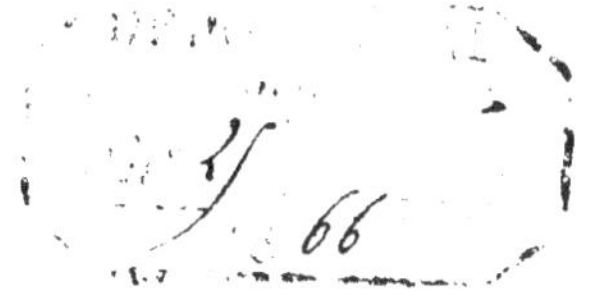

MÉTHODE ÉLÉMENTAIRE

Pour apprendre facilement et parfaitement

LE

PLAIN-CHANT

Romain - Grégorien

A L'USAGE

DES SÉMINAIRES, LYCÉES, COLLÉGES, INSTITUTIONS

et

DES ÉCOLES PRIMAIRES,

Dédiée à ses Élèves

PAR L'ABBÉ MASSON,

*Curé de Colombiers, ancien Professeur de Chant au Séminaire
de Séez, aujourd'hui Curé de Saint-Germain-d'Aunay.*

TROISIÈME ÉDITION.

PARIS

JACQUES LECOFFRE, LIBRAIRE-ÉDITEUR

90, rue Bonaparte, 90.

Nous offrons ici à Messieurs les Ecclésiastiques, à Messieurs
les Maîtres de Chant et à leurs Elèves, trois pièces curieuses
et très-intéressantes dont la lecture contribuera puissamment
à leur montrer la valeur, l'utilité et même la nécessité in-
dispensable de la Méthode de M. l'abbé Masson.

Ces trois pièces sont :

1° Un Rapport sur le Chant ecclésiastique démandé par la
commission des Conférences ecclésiastiques du diocèse de Séez ;

2° Un Rapport du commissaire chargé par Monseigneur
l'Évêque de Séez d'examiner la Méthode de M. l'abbé Masson,
avec la Réponse de l'auteur à l'examinateur ;

3° Et une lettre à M. l'abbé de Fontenay, président de la
commission des Conférences ecclésiastiques de Séez, conte-
nant une protestation contre la publication de la *Nouvelle
Méthode élémentaire* par un frère de Sainte-Marie de Tinchebray, et une Critique de cette *Nouvelle Méthode* par M. l'abbé
Masson.

QUESTIONS.

Du Chant ecclésiastique :

1° Son origine ; 2° Son excellence ; 3° Défauts à éviter

dans le Chant d'église.

RÉPONSE.

Avant de signaler l'origine du Chant ecclésiastique, qui n'est et ne peut être, et ne doit être qu'un abrégé, un résumé, une simplification de la Musique ou du Chant en général, nous indiquerons l'origine de celui-ci.

Il est facile de la reconnaître.

Dieu, en créant Adam et Ève avec toutes les qualités et facultés merveilleuses que la Révélation nous a fait connaître, leur fit don de la parole et de ses deux principaux ornements, la Poésie et la Musique, pour chanter la gloire du Seigneur et se réjouir en célébrant sa puissance et sa bonté infinies.

Les cantiques du Paradis terrestre étaient une délicieuse image, un ravissant écho du Cantique éternel des Anges et des Saints.

Et, après la chute qui troubla si profondément la merveilleuse harmonie de l'univers, après la parole de miséricorde et la promesse de la réparation, les enfants d'Adam, aidés de la grâce divine, appliquèrent leur génie à rechercher, par de longs et pénibles labeurs, les moyens de chanter les merveilles de Dieu et de consoler les jours mauvais de leur pélérinage.

Jubal, fils de Lamech, petit-fils de Mathusaël, fut le père de ceux qui jouèrent de la harpe et de l'orgue. Il inventa ces instruments de musique comme son frère Jabel avait inventé la manière de faire des tentes et de conduire des troupeaux, comme Tubalchaïn eut l'art de travailler avec le marteau et fut habile en toutes sortes d'ouvrages d'airain et de fer, et comme Noëma, sa sœur, inventa la manière de filer et de faire de la toile et des étoffes de laine (Génèse chapitre IV, versets 21 et 22).

Enos, fils de Seth et petit-fils d'Adam, commença à invoquer le nom du Seigneur par des sacrifices réglés, par la musique et la poésie (Gén. ch. IV, verset 26).

Nous voyons au même livre de la Génèse, chap. xxxi, vers.
27 que, lorsque Jacob quitta secrètement la maison de Laban,
son beau-père, le chant était admis dans les assemblées, qui
n'étaient que de simples cérémonies de familles. Pourquoi ne
m'avez-vous dit que vous vouliez vous retirer? disait Laban
à Jacob, afin que je vous allasse reconduire avec des chants
de joie, au bruit des tambours et au son des harpes.

Les hommes, dit Bossuet, qui habitaient avec Abraham,
Isaac et Jacob la terre de Chanaan, et qui s'étaient conser-
vés dans la connaissance du vrai Dieu, nous parlent souvent
des montagnes où ils avaient sacrifié à Dieu et des cantiques
que les pères apprenaient à leurs enfants. Ces cantiques se
chantaient dans les fêtes et dans les assemblées publiques
pour perpétuer la mémoire des actions éclatantes des siècles
passés. De là, ajoute-t-il, est née la poésie, changée dans la
suite des temps, employée à louer le Seigneur et à célébrer
la mémoire des grands hommes (*Histoire universelle*).

Moïse a fait du chant une des plus intéressantes et des plus
belles occupations de sa vie. On peut en juger par le beau
cantique qu'il a composé (Exode, chap. xv) et par l'ordre et
les cérémonies avec lesquelles, lui et sa sœur Marie, le fai-
saient chanter.

Et David, et ses psaumes, et ses chantres, et ses musiciens
instrumentistes, et Salomon et les Prophètes, et les trois enfants dans la fournaise, et les Saints de Dieu, dans tous les
temps et dans tous les lieux, et les plus illustres personnages,
et les plus beaux génies n'ont-ils pas laissé d'assez nombreux
et d'assez merveilleux monuments qui attestent l'origine, la
perpétuité, l'universalité et tout à la fois l'excellence du chant?

Mais comme il me semble que notre commission des Conférences n'a voulu parler que du chant ecclésiastique, en
usage depuis la constitution de l'Eglise chrétienne, je vais
répondre en ce sens aux trois questions du programme.

1° Origine du chant ecclésiastique.

R. Le chant ecclésiastique, extrait, descendu en ligne di-
recte de la musique divine des Jubal, des Moïse et des David,
composé sur la double gamme des grecs et des latins, a été
exécuté d'abord dans les catacombes par les chrétiens des
premiers siècles qui se préparaient au martyre par la divine
psalmodie.

Au temps de saint Ambroise et de saint Augustin, la psalmodie était en usage dans toutes les églises. C'était un chant
syllabique parfaitement scandé et mesuré qui produisait sur
les auditeurs un effet délicieux et très salutaire, témoins entre
mille saint Augustin (Voyez aussi *Fabiola*).

De graves auteurs attribuent à saint Ambroise l'invention

des quatre tons primitifs, extraits de la musique et signalés dans notre Méthode, sur lesquels tout le chant liturgique a été composé. Ces quatre tons furent nommés *Authentiques*. Plus tard, des fantaisistes ajoutèrent quatre autres tons qu'ils nommèrent *Tons plagaux*. D'autres fantaisistes appelèrent ces huit tons *Tons réguliers*, et en imaginèrent tout autant qu'ils appelèrent *irréguliers*.

Après cela est venu le système du chant figuré ou musical.

C'est cette logomachie futile et niaise qui a corrompu le chant de l'église, le chant divin de saint Ambroise, qui a rendu l'étude de ce chant presque impossible et occasionné ces éditions absurdes qu'on nous impose aujourd'hui, très innocemment, je veux le croire.

Quand la paix et la liberté furent données à l'Eglise, les divins offices furent réglés d'une manière plus parfaite, et tous les fidèles furent invités à chanter gravement, pieusement et simplement les louanges de Dieu.

Au commencement du sixième siècle, Fortunat composa les hymnes *Vexilla regis* et *Pange lingua* de la fête de l'exaltation de la sainte Croix. Charlemagne, au huitième siècle, fit introduire dans toutes les églises de son empire le chant grégorien comme le plus beau qu'il connût alors. Il composa l'hymne *Veni creator* avec son chant. Robert, roi de France, en 956, composa plusieurs hymnes. On lui attribue la prose *Victimæ paschali*.

Parmi les successeurs de saint Grégoire qui ont aimé et cultivé le chant, on trouve le pape Innocent III, au douzième siècle. Il est l'auteur de la belle prose de la Pentecôte *Veni sancte spiritus*, si maltraitée par nos nouveaux éditeurs sagiens, et du *Stabat Mater dolorosa*.

Tout le monde sait que le *Te Deum*, dont le chant est si beau d'après notre Méthode, a été composé par saint Ambroise et saint Augustin.

On lit qu'à la translation de saint Magloire, l'an 1345, l'Evêque de Laon célébrant la messe, les abbés de Saint-Germain-des-Prés et de Sainte-Géneviève tinrent le chœur, et que, pour chanter l'*Alleluia*, l'Evêque de Sagone et l'abbé de Saint-Denis se joignirent à eux et, comme dit un poète de ce temps là, ils chantèrent l'*Alleluia moult hautement et bien, et mesurément.*

Les sept notes de la gamme naturelle dont on se sert aujourd'hui, uniquement et exclusivement, dans la musique et le plain-chant ont été autrefois représentées tantôt par des chiffres tantôt par des lettres alphabétiques ou autres signes conventionnels.

Au commencement du onzième siècle, Guy Arétin, d'Arrezo,

donna aux premières notes de la gamme des noms qu'il tira des premières syllabes de chaque vers de la première strophe de l'hymne de saint Jean-Baptiste, ainsi qu'il suit :

UT *queant laxis;* **RE**sonare *fibris;* **MI**ra *gestorum;* **FA**muli *tuorum;* **SOL**ve *polluti;* **LA**bii *reatum.* Le nom de **SI** a été composé indubitablement des deux premières lettres des mots *sancte Joannes* qui terminent cette même strophe.

2º Excellence du chant de l'Eglise.

R. Ce que nous venons d'écrire pourrait suffire pour la montrer.

Quand on a vu dans tous les siècles les plus grands saints, les plus grands serviteurs de Dieu, les plus savants, les plus puissants, les plus éminents et les plus illustres personnages de la sainte Eglise s'appliquer avec un zèle ardent et persévérant à l'étude, à la composition, à l'exécution et à la propagation du chant divin, il n'est pas difficile de présumer et de reconnaître l'excellence de ce chant, inspiré par l'esprit de Dieu pour donner à tous les enfants de Dieu le moyen facile de célébrer, par leurs chants, la gloire et les bienfaits de Dieu.

Mais quand tôt ou tard, quand bientôt, pour l'honneur de l'Eglise et du Clergé, ce chant sera redevenu sérieusement et véritablement *traditionnel;* quand on l'aura passé au creuset et dégagé des scories qui l'enveloppent de toute part et le rendent méconnaissable par le fait de quelques vaniteux et impudents novateurs et de quelques ignorants copistes; quand il sera ce qu'il a été primitivement, ce qu'il aurait toujours dû être et ce qu'il devra toujours être, à la portée de tout chrétien qui n'est pas sourd-muet, son excellence apparaîtra alors évidente et brillante comme la lumière du soleil.

Le chant des enfants de l'Eglise doit être à la musique comme le catéchisme est à la haute théologie.

3º Défauts à éviter dans le chant d'église.

R. Défauts de la part des compositeurs, des éditeurs et des exécutants.

Les compositeurs et les éditeurs qui ont *fait*, *refait* et *défait* le chant des proses, des introïts, répons et antiennes, et des intonations, médiations et terminaisons des psaumes, et qui pouvaient prendre pour thème et pour modèle le vrai chant Ambrosien et Grégorien, si simple, si naturel, si régulier, si facile, d'une tonalité si large, si parfaite et si bien adaptée au diapason des voix humaines; les compositeurs, dis-je, et les éditeurs auraient bien dû proscrire et livrer aux flammes ces manuscrits si respectés, si vantés et si malheureusement copiés par la commission de Reims et Cambrai, ainsi que ce chant prétendu *traditionnel* dont nous a dotés la commission de Séez. *Salva reverentia* envers les respectables et savants personnages dont nous critiquons les œuvres, si critiquables.

Le chant de Séez, édition de 1842, malgré ses défauts et ses fautes nombreuses, était moins mal composé que celui de l'édition de 1864. On en pourra juger en comparant, par exemple, les proses des fêtes, les antiennes des vêpres du jour de Pâques et de beaucoup d'autres solennités. Il y a de la mesure en beaucoup d'endroits et de morceaux de l'édition de 1842, il n'y en a nulle part dans l'édition de 1864. Les antiennes de 1842 sont, en général, mélodieuses et chantantes *cantabiles;* celles de 1864 sont d'une singulière pauvreté mélodique. Je dis la même chose des introïts, graduels, répons, etc.

Indépendamment des fautes de *notation*, dont nous parlerons plus loin (j'appelle fautes de notation la position irrégulière des notes du chant, les longues et les brèves jetées au hasard et sans discernement), le chant romain de Séez n'a rien de plus mélodique, de plus chantant que l'office des morts, tandis que le chant parisien des fêtes de Pâques, la Pentecôte, la Toussaint, Noël, l'Assomption, exprime d'une manière sublime et magnifique la grande solennité de ces fêtes.

Le chant parisien de Séez, édition de 1842, avait beaucoup de fautes de notation, mais le chant romain de Séez en a infiniment plus. Notre chant romain *traditionnel* de Séez renferme approximativement, et en ne comptant les deux volumes du Manuel que pour un seul volume de 800 pages, ce chant renferme pour le moins 50,000 fautes de notation qui le rendent absurde et inexécutable par qui que ce soit.

Le répons *Hæc dies quam fecit Dominus exultemus, et lætemur in ea*, répons magnifique d'entrain et d'enthousiasme mélodique s'il en fut jamais, ce répons contient 44 fautes par le mélange de brèves ou losanges qui, si elles étaient exécutées suivant leur valeur, en lui ôtant sa divine gravité, le rendraient souverainement ridicule.

Le chant n'étant autre chose que la parole ornée, les syllabes longues et accentuées doivent avoir des notes longues et des tenues, et les syllabes brèves des notes brèves (Voir la Méthode de M. le Curé de Colombiers, *passim*).

Un défaut énorme de l'édition de Séez 1864, c'est la rencontre, dans presque tous les morceaux de ce chant, de groupes de 2, 3, 4 et même 5 brèves, jusque dans l'office des morts. C'est vraiment indécent, et cela ne peut convenir qu'à la musique de comédie.

Mais voici un autre défaut encore plus énorme, c'est la suppression du *bémol* à la clef par les éditeurs de Reims et Cambrai, et celle du *dièze* par les éditeurs de Séez.

Si ces Messieurs avaient compris que tous les morceaux du chant liturgique sont exclusivement des quatre tons RE mineur, MI mineur, FA majeur et SOL majeur, ils sauraient que le *bémol* et le *dièze* sont essentiels dans ces tons.

Quand aux exécutants, avec les chants qu'on nous impose aujourd'hui, à grands frais, ils sont impossibles.

Si l'on persistait à conserver ce gâchis, il faudrait s'attendre à voir bientôt le chœur des églises des villes tenu par des musiciens qui chanteront en musique comme au théâtre, et le chœur des églises des campagnes tenu par des écoliers qui se croiront des virtuoses dès qu'ils sauront monter et descendre une ou deux gammes (Voir toujours la Méthode de M. le Curé de Colombiers).

II.

En terminant mon Rapport je demanderai à notre conférence et à la commission des conférences la permission de raconter une petite anecdote relative à cette Méthode de M. le Curé de Colombiers.

Avant de faire imprimer son ouvrage, l'auteur, comme c'était son devoir, eut soin de soumettre son manuscrit à l'examen de Monseigneur notre Évêque. La personne désignée par Sa Grandeur pour faire cet examen renvoya, au bout d'un mois, à l'auteur, son manuscrit, sans lui dire ou écrire un seul mot. L'auteur, après onze jours d'attente, alla lui-même à l'évêché voir ce que cela signifiait. Pour toute réponse, M. l'abbé Soulbieu lui donna lecture et copie du Rapport de l'examinateur ainsi conçu :

« J'ai lu la Méthode de M. le Curé de Colombiers.

« Les définitions et principes élémentaires ne manquent « ni de simplicité ni de clarté. La question de la psalmodie « est très incomplète.

« Les pages 22, 23, etc., jusqu'à 33, pourront peut-être « servir lorsqu'on éditera quelque nouveau chant; mais elles « sont à peu près inutiles pour aider à l'exécution des chants « récemment publiés.

« Tout ce que dit M. le Curé sur le dièze (en différents endroits) « et sur l'origine des tons ou modes (pages 70 et suivantes) « est complètement en désaccord avec ce qu'enseigne D. « Jumilhac, ce qu'enseignent MM. d'Ortigues, Félix Clément, « Nisard et les autres savants qui se sont occupés du plain-« chant. Aucun d'eux n'admettra avec M. le Curé de Colom-« biers que le plain-chant et la musique sont tout à fait la « même chose, et que tous les tons du plain-chant ne sont « qu'une dérivation des différents tons majeurs et mineurs « de la musique moderne.

« Il est regrettable que le *Te Deum* et les deux proses offertes « par M. le Curé, comme modèles, ne soient pas conformes « à l'édition diocésaine. »

Voici la réponse de l'abbé Masson à ce rapport. Elle pourra jeter quelque lumière sur la question qui nous occupe.

1° « Les définitions et principes élémentaires ne manquent « ni de simplicité ni de clarté » dit M. le Rapporteur.

R. Grand merci, M. l'examinateur, personne n'en pourrait dire autant des principes et des définitions de vos livres nouvellement édités, dont vous vous êtes fait, d'office il est vrai, l'avocat très officieux.

2° « La question de la psalmodie est très incomplète. »

R. La question de la psalmodie n'a pas été abordée par

M. le Curé de Colombiers, et il n'avait aucune envie de la traiter dans sa Méthode élémentaire.

La psalmodie, comme toutes les autres parties du chant ecclésiastique, a été gâchée par les théories modernes de Séez et autres lieux, et s'il nous est donné quelque jour de la traiter, nous établirons comme premier principe que le chant des psaumes, essentiellement syllabique, doit être si bien mesuré que, quelque nombreux que puisse être le chœur, chaque syllabe doit être prononcée en même temps par toutes les voix, et instruments s'il y en a, sous peine de tomber dans ces affreuses et horribles cacophonies que le Directoire, page 26, nous a données pour modèles.

3° « Les pages 22, 23, etc., jusqu'à 33 pourront peut-être « servir lorsqu'on éditera quelque nouveau chant ; mais elles « sont à peu près inutiles pour aider à l'exécution des chants « récemment publiés. »

R. Mille pardons, M. le Rapporteur, elles ne seront pas inutiles, car ces pages indiquent la manière de corriger vos chants récemment publiés, lesquels sont parfaitement inexécutables sans correction, et je défie vos plus puissants virtuoses de les exécuter, si ce n'est dans le sens de la Méthode de M. le Curé de Colombiers, ou dans le sens du Directoire, qui a tous les sens ou qui n'a aucun sens.

4° « Tout ce que dit M. le Curé sur le dièze, en différents « endroits, et sur l'origine des tons ou modes, pages 70 et « suivantes, est complètement en désaccord avec ce qu'en- « seigne D. Jumilhac, ce qu'enseignent MM. d'Ortigues, Félix « Clément, Nisard et les autres savants qui se sont occupés « du plain-chant. »

R. Le dièze est nécessaire, d'après les lois rigoureuses de la mélodie telle qu'elle a été comprise par saint Ambroise et les autres génies illustres qui ont composé le plain-chant ; et si notre Méthode n'indique pas exactement l'origine des tons ou modes du plain-chant, il faut espérer que la commission des conférences nous la fera connaître.

Quant à MM. d'Ortigues, Félix Clément, Nisard et autres, bons musiciens peut-être, ils ne connaissent pas le chant de l'Eglise et ils ont écrit sur ce chant des articles à perte de vue, à peu près comme ils en écrivent sur les chanteurs et chanteuses de l'*Opéra*. Nous n'avons donc pas à nous préoccuper de leur enseignement.

5° « Aucun d'eux n'admettra avec M. le Curé de Colombiers « que le plain-chant et la musique sont tout à fait la même « chose, et que tous les tons du plain-chant ne sont qu'une « dérivation des différents tons majeurs et mineurs de la « musique moderne. »

R. M. le Curé de Colombiers n'a pas dit que le plain-chant et la musique sont tout à fait la même chose, il a dit, et il soutiendra jusqu'à preuve du contraire, que le plain-chant, avec des signes différents de forme de la musique, est une simplification, une dérivation, si vous voulez, de la musique. C'est pour le fonds la musique mise à la portée de toutes les intelligences et de toutes les voix humaines.

Le plain-chant, à la vérité, n'est pas une dérivation de tous les différents tons majeurs et mineurs de la musique (ancienne ou moderne, peu importe) mais toutes les pièces de chant que vous possédez, malgré les défigurations qu'elles ont subies, ont été composées dans les quatre tons : RE mineur, MI mineur, FA majeur et SOL majeur de la musique, ce que tout bon chantre et tout bon musicien peuvent reconnaître à la seule vue.

Donc vous avez eu grand tort de supprimer le bémol et le dièze essentiels : le bémol au ton de FA majeur, et le dièze au ton de SOL majeur.

Tous les morceaux que vous dites des 7e et 8e tons sont dans le ton de SOL majeur, et ont naturellement le FA dièze. Dans la belle prose *Lauda Sion*, du ton de SOL majeur, l'anté-pénultième note de chaque strophe est un FA dièze. Tous les morceaux que vous dites des 5e et 6e tons sont dans le ton de FA majeur, et ont naturellement le SI bémol. Dans les morceaux que vous dites des 3e et 4e tons, et qui sont en MI mineur, il y a souvent le RE dièze et le SI bémol. Dans les morceaux que vous dites des 1er et 2e tons, et qui sont en RE mineur, il y a souvent l'UT dièze et le SI bémol.

Il fallait mettre ces signes au chant dont vous avez adopté des copies corrompues.

6° « Il est regrettable, dit enfin M. le Rapporteur, que le « *Te Deum* et les deux proses offertes par M. le Curé comme « modèles ne soient pas conformes à l'édition diocésaine. »

Je soutiens, moi, et je me tiens fort de le prouver, que la seule chose regrettable c'est que l'*édition diocésaine* n'ait pas été corrigée selon les principes et les modèles de la Méthode de M. le Curé de Colombiers, dont vous aviez entre les mains la première édition, à l'occasion de laquelle vous m'aviez leurré et trompé comme vous venez de le faire pour la troisième édition.

J'avais pourtant agi assez généreusement en abandonnant au grand séminaire le prix de plusieurs douzaines d'exemplaires que M. l'abbé Lucas aîné m'avait offert.

Que Dieu vous bénisse !

MASSON,
Ancien curé de Colombiers.

23 *octobre* 1865.

III.

A Monsieur l'abbé De Fontenay,

Supérieur du Grand Séminaire de Séez, Président de la commission des Conférences ecclésiastiques du diocèse.

Monsieur le Supérieur,

Après le refus d'approbation et la menace d'expulsion de ma Méthode de plain-chant, signifié d'une manière aussi injuste que dédaigneuse par l'autorité que nous devons le plus respecter, j'avais résolu de courber la tête et d'attendre, en silence, justice de Dieu et des hommes qui comprennent l'art de chanter les grandeurs et les justices de Dieu.

Mais voilà que vous, Monsieur le Supérieur, vous n'avez pas tenu la question du chant de l'Eglise jugée en dernier ressort par le système....... de M. Félix Clément.

En votre qualité de président de la commission des conférences ecclésiastiques de Séez, vous avez mis à l'étude cette fameuse question du chant de l'Eglise, au sujet de laquelle Monseigneur notre Evêque disait il y a cinq ans environ, à l'époque des confirmations, à Alençon : « Laissons faire aux « autres toutes les sottises possibles ; puis....... nous nous « déciderons. »

Nonobstant la décision vous avez, Monsieur le Supérieur, proposé aux conférences ecclésiastiques du diocèse la triple question de l'origine, de l'excellence du chant, et des défauts à éviter dans le chant d'église.

Alors, j'ai relevé la tête et je me suis remis à l'étude qui avait charmé tous mes loisirs depuis cinquante ans. J'ai travaillé consciencieusement et ardemment et j'attends, Monsieur le Supérieur, de votre justice et de votre loyauté, que vous ne ferez pas subir à mon Rapport, que vous avez dû recevoir en son temps, l'ignominieux traitement infligé à ma Méthode. Vous le réfuterez si vous le trouvez réfutable, et vos observations, quelles qu'elles soient, seront accueillies par moi avec tout le respect qu'elles mériteront.

Je me propose de faire imprimer prochainement ce Rapport,

ainsi que la lettre que j'ai l'honneur de vous adresser aujourd'hui. Je considère ces deux pièces comme un supplément utile et même nécessaire à ma Méthode.

J'aurais voulu pouvoir attendre, avant de commander cette impression, le Rapport de la Commission des conférences, mais la publication de la Méthode de Tinchebray, revêtue de l'approbation qui m'a été très injustement refusée, ne me permet pas d'attendre encore une année. J'aurais eu l'honneur de vous écrire dès le mois de janvier, époque à laquelle j'ai pu voir cette Méthode, si les saintes fonctions de mon ministère ne m'avaient empêché, pour vous adresser mes justes réclamations et vous signaler quelques-unes des nombreuses fautes que contient cette dite Méthode. Le vénérable frère de Tinchebray s'est mis à la remorque de M. Félix Clément, sur le compte duquel je crois avoir dit la vérité dans mon Rapport sur le chant.

Je ne prétends pas que tout soit erroné dans la Méthode du Frère de Tinchebray, mais les quelques principes vrais, souvent assez mal définis, qu'il expose ont été pris, en partie du moins, dans la première édition de ma Méthode. Ce plagiat me semble un peu friser l'ingratitude, car, Monsieur le Supérieur, ma Méthode a quelque peu servi à l'éducation mélodique de votre Séminaire. Ce plagiat m'autorise à dire comme Virgile : *Sic vos, non vobis....*!

Voici quelques-unes des principales erreurs de la Méthode de Tinchebray : page 14ᵉ, l'auteur, comme M. Félix Clément, admet quatre espèces de notes, la carrée, la maxime, la losange, la caudée. Or, n'est-il pas bien plus simple, plus rationnel et plus propre à faciliter l'étude du chant de n'admettre, comme je l'ai fait dans ma Méthode, et comme l'exige absolument la nature du chant de l'Eglise, que deux sortes de notes, la longue et la brève. La longue carrée, valant un temps, et la brève, ou losange, valant la moitié d'un temps. La carrée pouvant se doubler, se tripler et même se quadrupler au besoin quelquefois pour donner de la largeur au chant de l'Eglise, déjà naturellement si large, si grave et si majestueux quand il est bien écrit et bien exécuté. La brève, de même, doit toujours avoir sa valeur d'un demi temps. La carrée à queue vaut, partout et toujours, trois brèves, c'est-à-dire un temps et un demi temps, ni plus ni moins.

Mais le Frère de Tinchebray a voulu, comme M. Clément, faire du gâchis.

Ainsi, page 15, il dit : « Il n'y a de véritablement brève « que celle qui est isolée sur une syllabe. »

Avec ce principe, chantez donc les proses de la Pentecôte, de Noël, de l'Assomption, de la Toussaint?

« Quant aux losanges disposées de suite et en descendant,
« elles doivent être regardées comme des carrées. »

Pourquoi cette plaisanterie, cher Frère? et pourquoi alors
ne pas écrire des carrées?

« Mais, ajoute-t-il, lorsqu'il se rencontre sur une même
« syllabe une suite de notes qui montent ou descendent, soit
« carrées soit losanges, elles devront être coulées. »

Et pourquoi coulées et non piquées, et non accentuées? il
ne le dit pas, et pour cause. Et d'ailleurs, coulées ou non
coulées, cela ne doit rien faire à la mesure.

Il dit encore, page 15 : « La note à queue a trois valeurs
« différentes : quelquefois elle vaut *à peu près* une carrée et
« une brève réunies. »

Je vous dis, moi, que la caudée, à laquelle vous faites jouer
un rôle si ridicule, a toujours, et très exactement, la valeur
d'une carrée et d'une losange.

Il continue : « Dans les autres cas, la caudée marque seu-
« lement une liaison et est sans influence sur la durée. »

Alors, ne l'écrivez pas. Ecrivez des notes qui expriment
une valeur déterminée, une mesure exacte et rigoureuse.

Puis, page 17, parlant des signes qu'il nomme accidents
et qui, dans la réalité et la vérité, sont rigoureusement essentiels à certains tons, tels que le bémol, le dièze, etc., il
dit: « Le dièze n'est guère usité dans le plaint-chant. »

Il est usité, mon Frère, et très usité, et, si vous chantez,
vous le faites malgré vous, et sans le savoir apparemment.
Vous devriez savoir, par exemple, que dans la prose *Lauda,
Sion*, l'antépénultième note de chaque strophe est un FA dièze.

Vous avez voulu imiter et réhabiliter le chant de M. Félix
Clément, et la suppression du dièze et la fausse position du
bémol sont des erreurs qui, jointes à beaucoup d'autres, rendent ce chant et votre Méthode dignes de suppression.

Si le chant de l'Eglise était tel que vous le dites et que
vous prétendez le faire, à l'imitation de tous les ignorants
copistes et novateurs qui ont écrit sur cette matière, les musiciens auraient bien raison de le mépriser, comme ils ne
manquent pas de le faire; mais le chant de l'Eglise n'est
pas assurément tel que vous le faites, et les musiciens qui
l'ignorent ont tort et vous aussi.

Vous dites encore, page 70, « Chacune des notes peut com-
« mencer une octave. »

Cela est très vrai et très juste. « Mais, ajoutez-vous, toutes
« ces gammes ne sont pas également satisfaisantes à l'oreille. »

Cela est très faux, car toute gamme, écrite selon les vrais
principes de la mélodie, et bien exécutée, satisfait parfaitement toute oreille musicale.

« Les gammes en DO et en LA, dites-vous ensuite, sont
« les gammes qui satisfont le plus l'oreille. »

C'est une erreur, vénérable Frère.

Puis, en note, vous ajoutez : « Ce serait peut-être ici le
« lieu de faire remarquer qu'une différence essentielle entre
« le plain-chant et la musique, c'est que la musique n'a
« que ces deux modes (DO et LA), tandis que le plain-chant,
« indépendamment de ceux-là, en possède d'autres, ceux en
« MI, par exemple, au moyen desquels il produit des effets
« que la musique est impuissante à rendre. »

Oh ! voilà une belle phrase renversée ! J'affirme et je me
tiens fort de prouver tout le contraire.

Je dirai donc que, quoique le plain-chant puisse produire
tous les effets désirables pour sa destination, la musique a
toutes ses ressources et beaucoup d'autres encore.

La musique a quinze modes majeurs et quinze modes mineurs, et ses quinze gammes majeures et ses quinze gammes
mineures, bien écrites et bien exécutées, sont également satisfaisantes à l'oreille.

Le plain-chant grégorien, ambrosien, liturgique a deux
modes majeurs et deux modes mineurs, ni plus ni moins, et
ses deux gammes majeures et ses deux gammes mineures,
bien écrites et bien exécutées, sont également satisfaisantes
à l'oreille. Vos prétendues gammes majeures et mineures,
telles que vous les faites par la suppression du dièze et la
fausse position du bémol, sont fausses, dissonnantes et contraire au sens mélodique et harmonique.

Je n'ai plus à noter et à critiquer dans la Méthode de Tinchebray que le complaisant et malheureux mélange des cau-
dées et des losanges, mélange que je n'ai pas voulu admettre
et qu'aucun connaisseur, chantre ou musicien n'admettra
jamais.

Veuillez agréer l'assurance des sentiments du plus profond
respect avec lesquels j'ai l'honneur d'être,

Monsieur le Supérieur,

votre très humble et très obéissant serviteur,

MASSON,

Curé de Saint-Germain-d'Aunay.

Saint-Germain-d'aunay le 6 juin 1866.

Imprimerie, librairie et lithographie GRIGY, à Vimoutiers.